Repas de Protéines pour la Musculation Extrême:

Musclez-vous rapidement sans Shakes pour les Muscles et sans Suppléments

Par

Joseph Correa

Nutrioniste Certifié des Sportifs

DROITS D'AUTEUR

© 2015 Correa Media Group

Tous droits réservés

La reproduction ou la traduction de toute partie de ce travail au-delà de ce qui est permis par l'article 107 ou 108 de la Loi de 1976 sur les droits d'auteur aux États-Unis 1976, sans l'autorisation préalable du propriétaire des droits d'auteur, est illégale.

Cette publication est conçue pour fournir des informations exactes et faisant autorité en ce qui concerne le sujet traité. Cette publication est vendue avec la condition implicite que ni l'auteur ni l'éditeur n'ont la capacité de prodiguer des conseils médicaux. Si des conseils ou une assistance médicale se déclarent nécessaires, vous êtes priés de consulter un médecin. Ce livre est considéré comme un guide et ne doit être utilisé en aucune façon nuisible à votre santé. Consultez un médecin avant de commencer ce plan nutritionnel pour vous assurer qu'il vous sera bénéfique.

REMERCIEMENTS

La réalisation et le succès de ce livre n'auraient pu être possibles sans le soutien et l'aide précieuse de ma famille.

Repas de Protéines pour la Musculation Extrême:

Musclez-vous rapidement sans Shakes pour les Muscles et sans Suppléments

Par

Joseph Correa

Nutrioniste Certifié des Sportifs

SOMMAIRE

Droits d'auteur

Remerciements

A propos de l'auteur

Introduction

Repas de Protéines pour la Musculation Extrême

D'autres grands titres de cet auteur

A PROPOS DE L'AUTEUR

En tant que nutritionniste certifié des sportifs et athlète professionnel, je crois fermement qu'une bonne nutrition vous aidera à atteindre vos objectifs plus rapidement et plus efficacement. Mes connaissances et mon expérience m'ont permis de vivre en meilleure santé tout au long des années et je l'ai partagé avec ma famille et mes amis. Plus vous en savez à propos de boire et vous nourrir plus sainement, et le plus tôt vous aurez envie de changer votre vie et vos habitudes alimentaires.

Réussir à contrôler votre poids est très important, car cela vous permettra d'améliorer tous les aspects de votre vie.

La nutrition est un élément clé dans le processus de se mettre en meilleure forme et c'est là tout le sujet de ce livre.

INTRODUCTION

Repas de Protéines pour la Musculation Extrême: Musclez-vous rapidement sans Shakes pour les Muscles et sans Suppléments

Ce livre vous aidera à augmenter la quantité de protéines que vous consommez par jour, pour vous aider à augmenter vos muscles. Ces repas vous aideront à augmenter votre masse musculaire de manière organisée en ajoutant de bonnes quantités saines de protéines à votre alimentation. Être trop occupé pour bien se nourrir peut parfois devenir un problème et voilà pourquoi ce livre vous fera économiser du temps et vous aidera à nourrir votre corps pour atteindre les objectifs que vous voulez. Assurez-vous que vous savez ce que vous consommez en préparant vous-même vos repas ou en ayant quelqu'un qui les prépare pour vous.

Ce livre vous aidera à:

-Gagner du muscle rapidement et naturellement.

-Améliorer la récupération musculaire.

-Avoir plus d'énergie.

-Accélérer naturellement votre métabolisme pour construire plus de muscle.

-Améliorer votre système digestif.

Joseph Correa est un nutritionniste du sport certifié et un athlète professionnel.

REPAS DE PROTEINES POUR LA MUSCULATION EXTREME:

1. Oeufs bouillis avec du basilic haché

Ingrédients:

2 oeufs

1 cuillère à café de basilic haché

poivre

Préparation:

Faire bouillir les oeufs pendant 10 minutes. Peler et hacher en petits morceaux. Saupoudrer de basilic haché.

Valeurs nutritionnelles par 100 g:

Carbohydrates 1.1g

Sucre 0g

Protéines 13g

Total Lipides (Lipides bénéfiques monoinsaturés) 11g

Sodium 124mg

Potassium 126mg

Calcium 50mg

Fer 1.2mg

Vitamines (Vitamines A; B-6; B-12; C)

Calories 155

2. Surlonge de boeuf avec des tranches d'aubergines

Ingrédients:

1 mince filet de bœuf

1 aubergine moyenne

1 cuillère à café d'huile d'olive

basilic haché

poivre

Préparation:

Lavez et poivrer la viande. Griller dans une poêle sur un grill pendant environ 10 minutes de chaque côté. Retirer de la poêle. Peler les aubergines et couper deux tranches épaisses. Frire pour quelques minutes dans la même poêle. Retirer du feu et servir avec la viande de boeuf. Saupoudrer de basilic haché.

Valeurs nutritionnelles:

Carbohydrates 6g

Sucre 1.2g

Protéines 35.2 g

Total Lipides 4.9g

Sodium 57 mg

Potassium 397mg

Calcium 18.5mg

Fer 1.9mg

Vitamines (Vitamines A; B-6; B-12; C; D; D2; D3; K;Thiamin; K)

Calories 212

3. Salade de Tomates et de Noix

Ingrédients:

1 grosse tomate

½ tasse de noix hachées

1 cuillère à café de jus de citron

Préparation:

Laver et couper la tomate en petits morceaux. Ajouter les noix hachées et mélangez bien. Verser le jus de citron au-dessus.

Valeurs nutritionnelles par tasse:

Carbohydrates 8.2g

Sucre 3.8g

Protéines 10g

Total Lipides 4.5g

Sodium 17 mg

Potassium 112mg

Calcium 16.5mg

Fer 1.3mg

Vitamines (Vitamines A; B-6; B-12; C; D; D2; D3; K; Riboflavin; Niacin; Thiamin; K)

Calories 218

4. Blettes cuites avec de l'huile d'olive

Ingrédients:

1 botte de blettes

1 cuillère à café d'huile d'olive

1 cuillère à café de curcuma

Préparation:

Lavez et hachez les blettes. Frire dans l'huile d'olive pendant 20 minutes à basse température, ou jusqu'à tendreté. Ajouter le curcuma avant de servir.

Valeurs nutritionnelles par tasse:

Carbohydrates 6.9g

Sucre 2.1g

Protéines 8.4 g

Total Lipides 1.9g

Sodium 34.2 mg

Potassium 23.2mg

Calcium 12.4mg

Fer 0.59mg

Vitamines (Vitamines A; B-6; B-12; C; D; D2; D3; K; Riboflavin; Niacin; Thiamin; K)

Calories 113

5. Champignons Cuits au Romarin

Ingrédients:

1 tasse de champignons

1 cuillère à café d'huile d'olive

1 cuillère à café de romarin haché

Préparation:

Faire cuire les champignons dans une poêle barbecue pendant 5-7 minutes. Retirer de la poêle et saupoudrer avec de l'huile d'olive et du romarin haché.

Valeurs nutritionnelles par tasse:

Carbohydrates 6.2g

Sucre 1.1g

Protéines 8.4 g

Total Lipides(Lipides bénéfiques monoinsaturés) 1.3g

Sodium 48.2 mg

Potassium 23.2mg

Calcium 12.4mg

Fer 0.59mg

Vitamines (Vitamines A; B-6; B-12; C; D; D2; D3; K; Riboflavin; Niacin; Thiamin; K)

Calories 117

6. Salade de Poulpe avec Tomates et Câpres

Ingrédients:

1 tasse de poulpe congelé et coupé en morceaux

¼ tasse de câpres

½ tasse d'olives

5 tomates cerises

1 cuillère à café de persil haché

1 cuillère à café de céleri haché

1 petit oignon

2 gousses d'ail

1 cuillère à café de romarin haché

1 cuillère à soupe d'huile d'olive

1 cuillère à café de jus de citron

Préparation:

Cuire le poulpe dans l'eau salée jusqu'à tendreté. Cela prend habituellement environ 20-30 minutes. Retirer du pot, lavez et égouttez. Laver et couper les légumes et mélanger avec le poulpe. Mélanger les épices et ajouter à la salade. Saupoudrer avec de l'huile d'olive et le jus de citron. Refroidir avant de servir.

Valeurs nutritionnelles par tasse:

Carbohydrates 12.9g

Sucre 5.1g

Protéines 16.4 g

Total Lipides(Lipides bénéfiques monoinsaturés) 9.9g

Sodium 114.2 mg

Potassium 83.2mg

Calcium 42.4mg

Fer 0.59mg

Vitamines (Vitamines A; B-6; B-12; C; D; D2; D3; K; Riboflavin; Niacin; Thiamin; K)

Calories 81

7. Courgettes Grillées à l'Ail et au Persil

Ingrédients:

1 courgette moyenne

1 cuillère à soupe de persil haché

2 gousses d'ail

Préparation:

Epluchez les courgettes et les couper en 4 tranches. Frire dans une poêle barbecue pendant 3-4 minutes. Ajouter l'ail haché et cuire pendant 5 minutes. Parsemer de persil avant de servir.

Valeurs nutritionnelles:

Carbohydrates 3.71g

Sucre 3g

Protéines 2 g

Total Lipides 0g

Sodium 2.9 mg

Potassium 360mg

Calcium 0.2mg

Fer 0.3mg

Vitamines (Vitamines A; B-6; B-12; C; D:K)

Calories 20

8. Shake de Fruits et Légumes Mixtes

Ingrédients:

1 tasse de myrtilles mélangées, framboises, mûres et frjeuness

½ tasse de bébé épinards hachés

2 tasses d'eau

Préparation:

Mélanger les ingrédients dans un mélangeur pendant quelques minutes.

Valeurs nutritionnelles par tasse:

Carbohydrates 9.2g

Sucre 6.15g

Protéines 8.75g

Total Lipides 0.87g

Sodium 54.8mg

Potassium 107.8mg

Calcium 82mg

Fer 2.03mg

Vitamines (Vitamines C total ascorbic acid; B-6; B-12; Folate-DFE; A-RAE; A-IU; E-alpha-tocopherol; D; D-D2+D3; K-phylloquinone; Thianin; Riboflavin; Niacin)

Calories 42.6

9. Ragoût de poisson

Ingrédients:

1 filet de carpe

1 carotte

2 piments

1 tomate moyenne

poivre

racines et feuilles de céleri

Préparation:

Il vaut mieux acheter des carottes cuites, ou les faire cuire avant de préparer le ragoût de poisson. Laver et couper les légumes, mélanger avec le céleri et les poissons et les mettre dans un pot. Verser peu d'eau, juste pour couvrir. Cuire à basse température pendant 20-30 minutes.

Valeurs nutritionnelles:

Carbohydrates 8.2g

Sucre 3.9g

Protéines 15.2 g

Total Lipides(Lipides bénéfiques monoinsaturés) 6.6g

Sodium 113.8 mg

Potassium 71mg

Calcium 29.1mg

Fer 0.32mg

Vitamines (Vitamines A; B-6; B-12; C; D; D2; D3; K; Riboflavin; Niacin; Thiamin; K)

Calories 172

10. Omelette d'Ananas aux amandes

Ingrédients:

3 tranches d'ananas

2 oeufs

½ tasse d'amandes

1 cuillère à soupe d'huile de lin pour la friture

Préparation:

Battre les oeufs et ajouter les amandes. Frire les tranches d'ananas pour quelques minutes sur les deux côtés, sans huile. Lorsque vous avez terminé, retirer de la poêle, ajouter l'huile, la chauffer et ajouter le mélange d'oeufs. Servir avec des tranches d'ananas cuits.

Valeurs nutritionnelles par 100g:

Carbohydrates 8.9g

Sucre 4.6g

Protéines 19.2 g

Total Lipides 13.6g

Sodium 134.8 mg

Potassium 131mg

Calcium 67.1mg

Fer 1.52mg

Vitamines (Vitamines A; B-12; C; K; Riboflavin; Niacin; K)

Calories 187

11. Côtelette de Boeuf à l'ananas et au curcuma

Ingrédients:

1 cotelette de boeuf de taille moyenne

1 cuillère à soupe d'huile d'olive

1 cuillère à café de curcuma

Poivre

2 tranches d'ananas

Préparation:

Laver et sécher la viande. Frire sans huile, dans son propre jus, pendant 15-20 minutes sur basse température. Retirer du feu. Faire une sauce avec l'huile d'olive, le curcuma et le poivre et l'étaler sur le bœuf frit. Frire une fois de plus pendant 3-4 minutes, ajouter les tranches d'ananas et servir chaud.

Valeurs nutritionnelles par 100g:

Carbohydrates 15.7g

Sucre 9.9g

Protéines 34g

Total Lipides(Lipides bénéfiques monoinsaturés) 17.6g

Sodium 99.3 mg

Potassium 328mg

Calcium 49.1mg

Fer 0.52mg

Vitamines (Vitamines A; B-6; B-12; C; D; D2; D3; K; Riboflavin; Niacin; Thiamin; K)

Calories 311

12. Salade de Fruits

Ingrédients:

1 tasse de baies

½ tasse de cubes d'ananas

½ tasse de pomme hachée

1 cuillère à café de cannelle

1 cuillère à café de sirop d'agave

Préparation:

Mélanger les fruits, ajouter le sirop d'agave et saupoudrer de cannelle.

Valeurs nutritionnelles par tasse:

Carbohydrates 19.2g

Sucre 12g

Protéines 15.2 g

Total Lipides(Lipides bénéfiques monoinsaturés) 4.6g

Sodium 123.8 mg

Potassium 95mg

Calcium 44.1mg

Fer 0.52mg

Vitamines (Vitamines A; B-6; B-12; C; D; D2; D3; K; Riboflavin; Niacin; Thiamin; K)

Calories 77

13. Salade de Thon avec Feuilles de Laitue et Curry

Ingrédients:

1 petite boîte de thon sans huile

1 botte de laitue

2 piments

1 cuillère à café de curry

1 cuillère à café de sauce au citron

Préparation:

Laver et couper la laitue. Mélanger avec du thon, ajouter des piments hachés et la sauce au citron. Saupoudrer de curry.

Valeurs nutritionnelles par tasse:

Carbohydrates 23.4g

Sucre 13g

Protéines 33.2g

Total Lipides(Lipides bénéfiques monoinsaturés) 12.4g

Sodium 123mg

Potassium 72.3mg

Calcium 42.1mg

Fer 0.27mg

Vitamines (Vitamines A; B-6; B-12; C; D; D2; D3; K; Riboflavin; Niacin; Thiamin; K)

Calories 68

14. Pilon de Dinde avec Noix de Muscade et Caroube

Ingrédients:

1 pilon de dinde

½ tasse d'eau

½ tasse de noix de muscade

½ tasse de caroube

Préparation:

Laver et nettoyer la viande. Frire pendant environ 15 minutes dans son propre jus (ajouter un peu d'eau pendant la cuisson de la dinde). Finement hacher la noix de muscade et de caroubiers et ajouter dans la casserole. Mélangez bien avec la sauce de la dinde. Retirer de la poêle et saupoudrer avec un peu plus de caroube.

Valeurs nutritionnelles par tasse:

Carbohydrates 3.2g

Sucre 0.9g

Protéines 31g

Total Lipides(Lipides bénéfiques monoinsaturés) 10.4g

Sodium 998mg

Potassium 78.2mg

Calcium 48mg

Fer 0.37mg

Vitamines (Vitamines A; B-6; B-12; C; D; D2; D3; K; Riboflavin; Niacin; Thiamin; K)

Calories 210

15. Tranches d'aubergines grillées avec du fenouil haché

Ingrédients:

1 grosse aubergine

½ tasse de fenouil haché

1 cuillère à soupe d'huile d'olive

1 cuillère à café de persil haché

Préparation:

Peler l'aubergine et la couper en 3 tranches. Cuire dans une poêle barbecue sans huile. Quand cela est fait, répandre l'huile d'olive dessus, saupoudrer avec du fenouil et le persil.

(Ces tranches d'aubergine sont très bonnes consommées froides, de sorte que vous pouvez les laisser toute la nuit au réfrigérateur)

Valeurs nutritionnelles parslice:

Carbohydrates 8.9g

Sucre 3g

Protéines 7g

Total Lipides(Lipides bénéfiques monoinsaturés) 2.4g

Sodium 54mg

Potassium 32.5mg

Calcium 12.4mg

Fer 0.37mg

Vitamines (Vitamines A; B-6; B-12; C; D; D2; D3; K; Riboflavin; Niacin; Thiamin; K)

Calories 54

16. Omelette aux Epinards

Ingrédients:

1 tasse d'épinards hachés

2 oeufs

1 cuillère à soupe d'huile d'olive pour la friture

Préparation:

Faire cuire les épinards dans de l'eau salée jusqu'à tendreté. Retirer de la casserole et égouttez. Faire frire dans de l'huile d'olive pendant 5-6 minutes et ajouter les œufs. Bien mélanger et servir chaud.

Valeurs nutritionnelles par 100g:

Carbohydrates 1.9g

Sucre 0.6g

Protéines 19.2 g

Total Lipides 13.6g

Sodium 144mg

Potassium 133mg

Calcium 71mg

Fer 1.8mg

Vitamines (Vitamines A; B-12; C; K; Riboflavin; Niacin; K)

Calories 177

17. Casserole d'Aubergines

Ingrédients:

2 grandes aubergines

1 tasse de viande hachée

1 oignon moyen

1 cuillère à café d'huile d'olive

poivre

2 tomates moyennes

1 cuillère à café de persil haché

Préparation:

Éplucher les aubergines et coupez en tranches très minces dans le sens de la longueur. Mettez-les dans un bol et laisser reposer pendant au moins une heure. Roulez-les dans les œufs battus. Faire frire dans l'huile chaude. Couper l'oignon, faire frire, ajouter les poivrons émincés, la tomate, qui est coupée en cubes, et le persil finement haché. Frire pour quelques minutes, puis ajouter la viande. Lorsque la viande est tendre, retirer du feu, laisser refroidir, ajouter 1 œuf et poivrer. Mettre les aubergines frites et la viande avec les légumes dans un plat allant au four et faire des couches jusqu'à ce que vous ayez utilisé tous les ingrédients. Cuire au four pendant 30 minutes à 300 degrés.

Valeurs nutritionnelles par 100g:

Carbohydrates 7.9g

Sucre 3.4g

Protéines 10.2 g

Total Lipides 13.6g

Sodium 164mg

Potassium 302mg

Calcium 21.1mg

Fer 1.32mg

Vitamines (Vitamines A; B-12; C; K; Riboflavin; Niacin; K)

Calories 109

18. Poireau avec cubes de Poulet

Ingrédients:

2 tasses de poireaux taillés

1 tasse de filets de poulet, coupés en cubes

huile d'olive

feuilles de thym pour la décoration

sel selon le goût

Préparation:

Couper les poireaux en petits morceaux et les laver à l'eau froide, un jour avant de servir. Laisser toute la nuit dans un sac de plastique.

Chauffer l'huile dans une grande casserole. Ajouter les cubes de poulet et faire frire pendant environ 15 minutes sur une température moyenne. Ajouter les poireaux, bien mélanger et faire frire pendant 10 minutes à une température basse. Retirer de la casserole et laisser refroidir. Décorer avec des feuilles de thym.

Valeurs nutritionnelles par tasse:

Carbohydrates 7g

Sucre 1.6g

Protéines 18.1 g

Total Lipides 13.6g

Sodium 124.1 mg

Potassium 120mg

Calcium 69.3mg

Fer 1.42mg

Vitamines (Vitamines A; B-6; B-12; C; D; D2; D3; K; Riboflavin; Niacin; Thiamin; K)

Calories 187

19. Champignons Cuits avec Légumes

Ingrédients:

2 tasses de champignons de Paris

1 tasse de chair de dinde asséchée en cubes

2 grosses carottes

½ tasse chou haché

1 cuillère à café de gingembre

1 cuillère à soupe d'huile d'olive

1 cuillère à café de persil haché

Préparation:

Cuire les légumes dans l'eau jusqu'à tendreté. Retirer la casserole et égouttez. Laisser refroidir pendant un certain temps. Mélanger l'huile d'olive, le gingembre et le persil, ajoutez un peu d'eau et faire cuire pendant quelques minutes, à feu moyen. Verser sur les légumes, ajouter la dinde séchée et bien mélanger. Laisser refroidir au réfrigérateur pendant environ 30 minutes avant de servir.

Valeurs nutritionnelles par tasse:

Carbohydrates 18.6g

Sucre 11.3g

Protéines 21.9g

Total Lipides 14.2g

Sodium 153.3 mg

Potassium 89.8mg

Calcium 49.9mg

Fer 0.42mg

Vitamines (Vitamines A; B-6; B-12; C; D; D2; D3; K; Riboflavin; Niacin; Thiamin; K)

Calories 79

20. Ailes de Poulet avec Sauce au Curcuma

Ingrédients:

2 ailes de poulet

1 cuillère à café de curcuma

1 cuillère à soupe d'huile d'olive

½ cuillère à café de romarin séché

¼ cuillère à café de poivre rouge

Préparation:

Frire les ailes de poulet dans une poêle barbecue pendant 10-15 minutes. 3-4 minutes avant que le poulet ne soit cuit, ajouter l'huile d'olive, le curcuma, le romarin, le poivre et un peu d'eau. Mélangez bien la sauce et laisser le poulet y macérer.

Valeurs nutritionnelles par 100g:

Carbohydrates 18.6g

Sucre 0.9g

Protéines 28g

Total Lipides 22.7g

Sodium 431.3 mg

Potassium 189mg

Calcium 2.9mg

Fer 2.42mg

Vitamines (Vitamines A; B-6; B-12; C; D; D2; D3; K; Riboflavin; Niacin; Thiamin; K)

Calories 318

21. Salade de Tomates et Thon

Ingrédients:

2 grosses tomates

2 oignons moyens

3 boîtes de thon

1 cuillère à soupe d'huile d'olive

1 cuillère à café de jus de citron

basilic

sel selon le goût

Préparation:

Laver et éplucher les légumes. Coupez-les en petits cubes. Ajouter l'huile d'olive, le jus de citron et le basilic. Bien mélanger.

Valeurs nutritionnelles par tasse:

Carbohydrates 17.9g

Sucre 9.1g

Protéines 28.3 g

Total Lipides(Lipides bénéfiques monoinsaturés) 15.8g

Sodium 127mg

Potassium 89.6mg

Calcium 42.1mg

Fer 0.38mg

Vitamines (Vitamines A; B-6; B-12; C; D; D2; D3; K; Riboflavin; Niacin; Thiamin; K)

Calories 99

22. Escalope de veau avec sauce aux poivrons rouges

Ingrédients:

1 steak de veau moyen

1 gros poivron rouge

1 cuillère à café de poivre rouge

1 cuillère à soupe d'huile d'olive

romarin haché

Préparation:

Laver et couper le paprika en petits morceaux. Mettez dans une grande casserole, ajouter l'huile d'olive et le romarin. Mijoter pendant 15 minutes à feu doux. Ajouter le poivron rouge et cuire encore quelques minutes. Laver et sécher le steak. Frire dans une poêle barbecue jusqu'à tendreté. Ajouter la sauce et retirer de la poêle.

.

Valeurs nutritionnelles par 100g:

Carbohydrates 4.5g

Sucre 2.1g

Protéines 26 g

Total Lipides 9.8g

Sodium 87 mg

Potassium 339mg

Calcium 2.1mg

Fer 0.16mg

Vitamines (Vitamines A; B-6; B-12; C; D; D2; D3; K)

Calories 203

23. Omelette aux Champignons

Ingrédients:

1 tasse de champignons,

2 oeufs

1 grande cuillere d'huile d'olive

Préparation:

Frire les champignons dans l'huile d'olive sur basse température. Laisser la sauce aux champignons s'évaporer. Ajouter les œufs et bien mélanger.

Valeurs nutritionnelles par 100 g:

Carbohydrates 4.1g

Sucre 0g

Protéines 18g

Total Lipides(Lipides bénéfiques monoinsaturés) 11g

Sodium 126mg

Potassium 124mg

Calcium 14.9mg

Fer 1.8mg

Vitamines (Vitamines A; B-6; B-12; C)

Calories 174

24. Filet de dinde avec des noix et du sirop d'érable

Ingrédients:

3 filets de dinde

½ tasse de noix

1 cuillère à café de sirop d'érable

¼ tasse d'eau

1 cuillère à soupe d'huile d'olive

sel selon le goût

Préparation:

Frire les filets dans une poêle barbecue sur une basse température pendant environ 15 minutes, ou jusqu'à tendreté. Retirer du feu et ajouter de l'eau, le sirop d'érable et les noix. Mélangez bien et faire frire pendant 5-6 minutes jusqu'à ce que l'eau soit évaporée. Laisser refroidir pendant un certain temps.

Valeurs nutritionnelles par 100 g:

Carbohydrates 10.1g

Sucre 7.3g

Protéines 24.2g

Total Lipides 8.7g

Sodium 1025mg

Potassium 126mg

Calcium 50mg

Fer 1.2mg

Vitamines (Vitamines A; B-6; C)

Calories 148

25. Salade de Tomates Cerises Rôties, Aubergines et Basilic

Ingrédients:

1 petite aubergine

5 blancs d'œufs

1 tasse de tomates cerises

1 cuillère à café de basilic frais, haché

1 cuillère à soupe d'huile d'olive

poivre blanc au goût

1 cuillère à café de jus de citron

Préparation:

Couper les aubergines en morceaux épais, en forme de dés. Saler les Cubes d'aubergine, ajouter de l'huile, les blancs d'œufs et les déposer sur une plaque à pâtisserie. Si nécessaire, ajouter un peu d'huile d'olive (facultatif). Cuire au four pendant environ 10 minutes dans un four préchauffé à 350 degrés. Nettoyez les tomates cerises et les faire frire pendant environ 15 minutes à basse température, en utilisant une petite casserole. Vous devez obtenir une sauce tomate légèrement caramélisée.

Retirer du feu et laisser refroidir pendant un certain temps. Incorporer délicatement la sauce au citron, l'huile d'olive et le basilic frais. Verser sur les aubergines et servir froid. Un bon plat d'accompagnement avec un barbecue ou un poisson grillé. Vous pouvez le conserver dans le réfrigérateur jusqu'à une semaine.

Valeurs nutritionnelles par tranche:

Carbohydrates 10.4g

Sucre 3g

Protéines 19g

Total Lipides(Lipides bénéfiques monoinsaturés) 4.9g

Sodium 52mg

Potassium 38.3mg

Calcium 12.9mg

Fer 0.32mg

Vitamines (Vitamines A; B-6; B-12; C; D; D2; D3; K; Riboflavin; Niacin; Thiamin; K)

Calories 87

26. Omelette à la Muscade

Ingrédients:

3 oeufs

2 cuillères à soupe d'huile d'olive

1 cuillère à café de noix de muscade

1/5 cuillère à café de poivre

Préparation:

Battre les oeufs et ajouter la muscade et le poivre. Mélangez bien et faire frire dans de l'huile d'olive pendant quelques minutes. Servir chaud. Vous pouvez ajouter un peu de sel si vous le souhaitez..

Valeurs nutritionnelles par 100g:

Carbohydrates 0.9g

Sucre 0.45g

Protéines 12g

Total Lipides 12.4g

Sodium 156mg

Potassium 117.5mg

Calcium 4.4mg

Fer 7.37mg

Vitamines (Vitamines A; B-6; D; D2; D3)

Calories 156

27. Crevettes à la Ssauce Tomate

Ingrédients:

2 tasses de crevettes congelées

1 grosse tomate

1 cuillère à café de basilic séché

2 gousses d'ail

3 cuillères à soupe d'huile d'olive

sel selon le goût

Préparation:

Griller les crevettes congelées dans une poêle barbecue sans huile. Laver et couper la tomate en petits morceaux, ajouter le basilic haché, l'ail haché et l'huile d'olive. Faire cuire pendant 5-6 minutes (ajouter un peu d'eau si nécessaire). Verser la sauce sur les crevettes grillées. Servir avec de la laitue.

Valeurs nutritionnelles par 100g:

Carbohydrates 7.9g

Sucre 4.2g

Protéines 28g

Total Lipides(Lipides bénéfiques monoinsaturés) 1.32g

Sodium 131mg

Potassium 269.5mg

Calcium 8.7mg

Fer 4.37mg

Vitamines (Vitamines A; B-6; B-12; C; D; D2; D3; K; Riboflavin; Niacin; Thiamin; K)

Calories 164

28. Salade de Laitue

Ingrédients:

1 botte de laitue

1 cuillère à soupe d'huile d'olive

1 cuillère à café de jus de citron

Préparation:

Laver et couper la laitue, ajouter l'huile d'olive et le jus de citron . Il vaut mieux préparer cette salade avant de servir un repas. Ne pas laisser reposer trop longtemps.

Valeurs nutritionnelles par tasse:

Carbohydrates 1.2g

Sucre 0.3g

Protéines 1.7g

Total Lipides(Lipides bénéfiques monoinsaturés) 1.4g

Sodium 19mg

Potassium 132mg

Calcium 1.4mg

Fer 2.3mg

Vitamines (Vitamines A; B-6; B-12; C;K)

Calories 25

29. Salade de Coriandre

Ingrédients:

1 tasse de coriandre hachée

1 œuf à la coque

2 tasses de tomates cerises

1 cuillère à café de curcuma

2 cuillères à soupe d'huile d'olive

1 cuillère à café de sauce au citron

sel selon le goût

Préparation:

Laver et couper les tomates cerises et mélanger avec de la coriandre. Ajouter le curcuma, l'huile d'olive et la sauce au citron.

Valeurs nutritionnelles par tasse:

Carbohydrates 14.2g

Sucre 8.9g

Protéines 10g

Total Lipides(Lipides bénéfiques monoinsaturés) 9.6g

Sodium 122.2 mg

Potassium 81mg

Calcium 45.5mg

Fer 0.37mg

Vitamines (Vitamines A; B-6; B-12; C; D; D2; D3; K; Riboflavin; Niacin; Thiamin; K)

Calories 55

30. Oeufs Frits avec de la Menthe Hachée

Ingrédients:

3 oeufs

1 cuillère à soupe d'huile d'olive

1 cuillère à soupe de menthe hachée

1 tasse de tomates cerises

1 petit oignon

poivre au goût

sel selon le goût

Préparation:

Couper les légumes en petits morceaux et les faire frire dans une grande casserole à une basse température pendant environ 15 minutes. Attendez que l'eau s'évapore. Battre les oeufs et ajouter la menthe hachée. Mélanger avec les légumes, ajouter l'huile d'olive et faire frire pendant quelques minutes. Avant de servir, ajouter un peu de sel et de poivre selon votre goût.

Valeurs nutritionnelles par 100 g:

Carbohydrates 8.1g

Sucre 4g

Protéines 28g

Total Lipides(Lipides bénéfiques monoinsaturés) 11.9g

Sodium 176mg

Potassium 174mg

Calcium 17.9mg

Fer 1.5mg

Vitamines (Vitamines A; B-6; B-12; C; D; D2; D3; K; Riboflavin; Niacin; Thiamin; K)

Calories 194

31. Côte de Veau avec des Clous de Girofle Hachés

Ingrédients:

2 grandes côtelettes de veau

1 tasse de clous de girofle hachés

4 cuillères à soupe d'huile d'olive

1 cuillère à soupe de persil séché

1 cuillère à café de romarin

1 cuillère à café de poivre rouge

1 cuillère à soupe de jus de citron

Préparation:

Bien mélanger les clous de girofle, l'huile d'olive, le persil et le romarin pour obtenir une belle sauce. Lavez le steak et le mettre sur une petite plaque de cuisson. Ajouter la sauce et faire cuire pendant 15-20 minutes à 300 degrés. Retirer du four, saupoudrer de poivre et jus de citron. Décorez avec quelques feuilles de persil. Laisser refroidir pendant environ 10 minutes.

Valeurs nutritionnelles par 100g:

Carbohydrates 8.2g

Sucre 4.9g

Protéines 22g

Total Lipides 9.6g

Sodium 97.2 mg

Potassium 381mg

Calcium 4.5mg

Fer 5.3mg

Vitamines (Vitamines A; B-6; B-12; C; D; D2; D3; K; Riboflavin; Niacin; Thiamin; K)

Calories 216

32. Soupe à la Tomate

Ingrédients:

1 tasse de sauce tomate

2 blancs d'oeufs

2 tasses d'eau

2 gousses d'ail

2 cuillères à soupe d'huile d'olive

1 cuillère à café de marjolaine séchée

persil haché

Préparation:

Frire l'ail finement haché dans l'huile. Incorporer la sauce tomate mélangée avec de l'eau. Ajouter le persil et laisser bouillir. Servir avec de la marjolaine.

Valeurs nutritionnelles par 150ml:

Carbohydrates 6.8g

Sucre 3.9g

Protéines 7g

Total Lipides(Lipides bénéfiques monoinsaturés) 0.6g

Sodium 190.2 mg

Potassium 112mg

Calcium 0.5mg

Fer 2.3mg

Vitamines (Vitamines A; C)

Calories 30

33. Courgettes Grillées au Basilic et à la menthe hachée

Ingrédients:

1 grosse courgette

¼ tasse de basilic haché

¼ tasse de menthe hachée

1 cuillère à soupe d'huile d'olive

¼ verre d'eau,

poivre au goût

Préparation:

Cuire les épices dans l'eau pendant 2-3 minutes et ajouter le poivre. Peler et couper les courgettes en trois tranches. Griller les crevettes dans une poêle barbecue avec de l'huile d'olive. Ajouter la menthe et le basilic. Frire jusqu'à ce que toute l'eau s'évapore. Vous pouvez ajouter un peu de jus de citron avant de servir, mais ceci est optionnel.

Valeurs nutritionnelles pour 1 tranche:

Carbohydrates 3.8g

Sucre 2g

Protéines 2.9 g

Total Lipides 0.9g

Sodium 2.76 mg

Potassium 343mg

Calcium 0.27mg

Fer 0.3mg

Vitamines (Vitamines A; B-6; B-12; C; D:K)

Calories 23

34. Soupe de Veau aux Légumes Hachés

Ingrédients:

1 Pavé de veau

2 grosses carottes

½ tasse de persil haché

1 grosse tomate

¼ c de poivre

1 petit oignon

Préparation:

Laver la viande et la mettre dans un pot. Versez de l'eau et faire cuire jusqu'à ce que la viande soit tendre. Pendant ce temps, nettoyer et couper les légumes en petits cubes. Lorsque la viande est cuite, retirez-le de la casserole et couper en petits cubes. Mélanger avec les légumes, retourner à l'eau et faire cuire jusqu'à ce que les carottes soient tendres. Ajouter l'assaisonnement et servir.

Valeurs nutritionnelles par tasse:

Carbohydrates 3g

Sucre 2.1g

Protéines 22 g

Total Lipides 5.7g

Sodium 71 mg

Potassium 148mg

Calcium 2.2mg

Fer 4.3mg

Vitamines (Vitamines A; B-6; B-12; C; D; D2; D3; K; Riboflavin; Niacin; Thiamin; K)

Calories 112

35. Escalope d'Agneau avec Sauce aux Noisettes

Ingrédients:

1 côtelette d'agneau moyenne

½ tasse de noisettes

1 cuillère à café de curry

1 cuillère à soupe d'huile d'olive

Poivre au goût

Préparation:

Laver la côtelette et faire cuire dans de l'eau 15-20 minutes. Retirer de la poêle et égoutter, mais garder l'eau. Faire une sauce avec l'huile d'olive, le curry, les noisettes et le poivre. Étaler la sauce sur les boulettes, ajouter l'eau de la viande et cuire au four à 300 degrés pendant 15-20 minutes.

Valeurs nutritionnelles par 100g:

Carbohydrates 4.7g

Sucre 4.1g

Protéines 29 g

Total Lipides 11.8g

Sodium 137 mg

Potassium 239mg

Calcium 2.9mg

Fer 2.16mg

Vitamines (Vitamines A; B-6; B-12; C; D; D2; D3; K; Riboflavin; Niacin; Thiamin; K)

Calories 213

36. Poivron Rouge Grillé

Ingrédients:

1 gros poivron rouge

1 cuillère à soupe d'huile d'olive

2 gousses d'ail

persil haché

Préparation:

Mélanger l'huile d'olive avec l'ail et le persil. Étaler la sauce sur le poivron et cuire dans une poêle barbecue sur basse température pendant environ 10-15 minutes.

Valeurs nutritionnelles par 100g:

Carbohydrates 6.2g

Sucre 4.4g

Protéines 2g

Total Lipides 0.8g

Sodium 7 mg

Potassium 215mg

Calcium 2.8mg

Fer 2. 6mg

Vitamines (Vitamines A; B-6; B-12; C; D; Riboflavin; Niacin; Thiamin; K)

Calories 38

37. Paté d'Aubergine

Ingrédients:

1 grosse aubergine

6 blancs d'œufs

1 cuillère à café de moutarde

1 cuillère à café de mayonnaise Diet

2 gousses d'ail

1 cuillère à café de persil

¼ tasse d'eau

1 cuillère à café d'huile d'olive

Préparation:

Remarque: Le montant de l'aubergine et de l'eau peut varier considérablement selon le type d'aubergine et la façon de préparer ce pâté. Une aubergine cuite au four sera sèche, mais elle sera plus savoureuse et moins amère. Une aubergine nettoyée et «cuite» dans un micro-ondes sera plus légère, plus fluide et un peu plus amère, mais prête en peu de temps.

Peler l'aubergine, la couper en cubes et faire cuire tout ensemble dans un plat couvert, ignifuge, dans le micro-ondes, pendant environ 5 minutes. Ou, faire cuire dans un four conventionnel, peler l'écorce, et essorer bien. Ajouter de l'eau et mélanger l'aubergine avec un bâton mélangeur.

Mélanger la mayonnaise avec les blancs d'œufs et l'huile d'olive. Ajouter l'aubergine et mélanger ensemble.

Ajouter l'ail finement haché et la moutarde. De cette façon, vous pouvez obtenir environ un grand pot de pâté. C'est une recette excellente comme pate a étaler, ou comme plat d'accompagnement. Parfait avec du poulet et de la dinde.

Valeurs nutritionnelles par 100g:

Carbohydrates 12.9g

Sucre 6g

Protéines 17g

Total Lipides 3.4g

Sodium 154mg

Potassium 132.5mg

Calcium 10.4mg

Fer 3.37mg

Vitamines (Vitamines A; B-6; B-12; C; D; D2; D3; K; Riboflavin; Niacin; Thiamin; K)

Calories 71

38. Boeuf Braisé au Chou

Ingrédients:

1 grande beefsteak

1 tasse de chou haché, cuit

¼ cuillerée de poivre

2 cuillères à soupe d'huile d'olive

½ tasse d'eau

Préparation:

Couper la viande en petits morceaux. Mettez dans une casserole et cuire à basse température, dans l'huile d'olive, jusqu'à tendreté. Ajouter un peu d'eau si nécessaire. Lorsque la viande est tendre, ajouter le chou et le poivre. Mijoter à feu doux pendant au moins 40 minutes.

Valeurs nutritionnelles par 100g:

Carbohydrates 8.1g

Sucre 3.2g

Protéines 36.1 g

Total Lipides 6.9g

Sodium 157 mg

Potassium 499mg

Calcium 19.9mg

Fer 5.9mg

Vitamines (Vitamines A; B-6; B-12; C; D; D2; D3; K;Thiamin; K)

Calories 234

39. Soupe de Brocoli

Ingrédients:

1 tasse de brocoli

1 petite carotte

1 petit oignon

Un peu de sel

poivre au goût

1 cuillère à soupe d'huile de coco

Préparation:

Laver les oignons et les carottes, mais ne pas les couper. Mettez-les ensemble avec le brocoli dans de l'eau salée et faire cuire. Lorsque les légumes sont bien cuits, les mettre tous ensemble dans un blender. Chauffer le reste de l'eau végétale jusqu'au point d'ébullition et remuer avec un peu d'huile. Cuire jusqu'à ce que le mélange épaississe, ajouter les légumes et laisser cuire encore 5-7 minutes. servir chaud.

Valeurs nutritionnelles par tasse:

Carbohydrates 15g

Sucre 5.2g

Protéines 7.2 g

Total Lipides 4.1g

Sodium 887 mg

Potassium 376mg

Calcium 25.5mg

Fer 1.2mg

Vitamines (Vitamines A;C)

Calories 120

40. Salade de Laitue et Thon

Ingrédients:

1 botte de laitue

3 boîtes de thon sans huile

1 cuillère à soupe de jus de citron

2 gros oignons

2 grosses tomates

5 olives

Préparation:

Laver la laitue et coupez-la. Mélangez avec du thon. Peler et couper l'oignon, couper la tomate, mélanger avec le thon et la laitue. Ajouter le jus de citron et les olives.

Valeurs nutritionnelles par tasse:

Carbohydrates 19.4g

Sucre 12g

Protéines 31.2g

Total Lipides(Lipides bénéfiques monoinsaturés) 11.5g

Sodium 141mg

Potassium 86.1mg

Calcium 43.2mg

Fer 0.31mg

Vitamines (Vitamines A; B-6; B-12; C; D; D2; D3; K; Riboflavin; Niacin; Thiamin; K)

Calories 71

41. Filets de Truite Grillés avec du Persil

Ingrédients:

3 filets de truite épais

1 cuillère à soupe de persil

3 cuillères à soupe d'huile d'olive

6 gousses d'ail

Préparation:

Mélanger l'ail haché avec le persil et l'huile d'olive. Etalez sur le poisson et faire frire dans une poêle barbecue pendant environ 15-20 minutes, sur les deux côtés. Retirer de la casserole et utiliser un papier de cuisine pour absorber l'excès d'huile.

Valeurs nutritionnelles par 100g:

Carbohydrates 0.2g

Sucre 0

Protéines 25.2 g

Total Lipides 6.6g

Sodium 113.8 mg

Potassium 61mg

Calcium 29mg

Fer 0.33mg

Vitamines (Vitamines A; B-6; B-12; C; D; D2; D3; K; Riboflavin; Niacin; Thiamin; K)

Calories 170

42. Cauliflower soup

Ingrédients:

1 tasse de chou-fleur

1 petite carotte

1 petit oignon

Un peu de poivre

1 cuillère à soupe d'huile

Préparation:

Laver les oignons et les carottes, mais ne pas les couper. Mettez-les ensemble avec le chou-fleur dans l'eau et faire cuire. Lorsque les légumes sont bien cuits, les mettre dans un blender. Chauffer le reste de l'eau végétale jusqu'au point d'ébullition et remuer avec un peu d'huile. Cuire jusqu'à ce que le mélange épaississe, ajouter les légumes et laisser cuire encore 5-7 minutes. servir chaud.

Valeurs nutritionnelles par tasse:

Carbohydrates 13g

Sucre 4.2g

Protéines 6.2 g

Total Lipides 4.4g

Sodium 862 mg

Potassium 366mg

Calcium 24.1mg

Fer 2mg

Vitamines (Vitamines A;C)

Calories 118

43. Omelette à la Tomate

Ingrédients:

3 oeufs

1 grosse tomate

1 petit oignon

1 cuillère à café d'huile d'olive

sel selon le goût

Préparation:

Laver et couper la tomate. Peler et couper l'oignon. Frire la tomate et l'oignon dans l'huile d'olive pendant environ 10-15 minutes, sur feu doux . Retirer du feu lorsque l'eau s'est évaporée. Ajouter les œufs et bien mélanger. Frire pendant encore 2 minutes.

Valeurs nutritionnelles par 100 g:

Carbohydrates 6.1g

Sucre 2g

Protéines 20g

Total Lipides(Lipides bénéfiques monoinsaturés) 12g

Sodium 176mg

Potassium 173mg

Calcium 15.9mg

Fer 1.9mg

Vitamines (Vitamines A; B-6; B-12; C)

Calories 184

44. Filet de Saumon Grillé

Ingrédients:

1 grand filet de saumon

1 cuillère à soupe de jus de citron

2 cuillères à soupe d'huile d'olive

1 cuillère à soupe de piment moulu

Préparation:

Lavez le filet et séchez à l'aide d'un papier de cuisine. Arroser d'un peu de jus de citron dessus et les faire frire dans une petite casserole barbecue pendant environ 15-20 minutes, sur feu très élevé. Retirer de la poêle et absorber l'excès d'huile avec un papier de cuisine. Ajouter le piment moulu avant de servir.

Valeurs nutritionnelles par 100 g:

Carbohydrates 2.9

Sucre 0.8g

Protéines 24g

Total Lipides(Lipides bénéfiques monoinsaturés) 14.6g

Sodium 63mg

Potassium 374mg

Calcium 0.9mg

Fer 1.8mg

Vitamines (Vitamines A; B-6; B-12; C)

Calories 220

45. Salade de Légumes Mixtes:

Ingrédients:

1 botte de laitue

1 petite carotte

1 tomate moyenne

1 oignon moyen

1 petit concombre

1 aubergine moyenne

1 courgette moyenne

1 cuillère à soupe d'huile d'olive

1 cuillère à café de jus de citron

Préparation:

Peler et couper les courgettes et les aubergines. Frire dans l'huile d'olive pendant 8-10 minutes. Retirer de la poêle et absorber l'excès d'huile avec du papier de cuisine. Pendant ce temps, lavez et coupez les légumes en petits morceaux. Mélanger les aubergines et les courgettes avec les autres légumes et assaisonner avec l'huile d'olive et le jus de citron.

Valeurs nutritionnelles par tasse:

Carbohydrates 12.3g

Sucre 8.9g

Protéines 11.2 g

Total Lipides(Lipides bénéfiques monoinsaturés) 6.5g

Sodium 176.3 mg

Potassium 95mg

Calcium 63.5mg

Fer 0.74mg

Vitamines (Vitamines A; B-6; B-12; C; D; D2; D3; K; Riboflavin; Niacin; Thiamin; K)

Calories 51

46. Calmars Grillés dans une Sauce au Curry

Ingrédients:

1 tasse d'anneaux de calamars congelés

¼ tasse d'eau

1 cuillère à café de curry

2 cuillères à soupe d'huile d'olive

2 gousses d'ail

1 cuillère à café de persil haché

Préparation:

Faire une sauce avec de l'eau, de l'ail haché, du persil, le curry et l'huile d'olive. Frire les anneaux de calamars dans une poêle barbecue sans huile pendant 7-10 minutes, sur une température moyenne. Vous devez obtenir une belle couleur dorée. Ajouter la sauce dans la poêle barbecue avec les calamars et faire frire pendant quelques minutes de plus. Vous pouvez ajouter un peu d'eau si votre sauce est trop épaisse.

Valeurs nutritionnelles par 100g:

Carbohydrates 0.2g

Sucre 0g

Protéines 19.8 g

Total Lipides(Lipides bénéfiques monoinsaturés) 2.8g

Sodium 96.3 mg

Potassium 0.3mg

Calcium 1.5mg

Fer 0.7mg

Vitamines (Vitamines A; BD; D2; K)

Calories 92

47. Sardines Grillées

Ingrédients:

1 petit paquet (200g) de sardines congelées

4 gousses d'ail

4 cuillères à soupe d'huile d'olive

3 cuillères à café de curcuma

½ petite cuillère de sel

Préparation:

Décongeler et lavez les sardines. Faire une sauce à l'ail avec de l'ail, de l'huile d'olive et du curcuma. Étaler sur les sardines et faire frire dans une poêle barbecue sans ajout d'huile pendant environ 20 minutes à une température moyenne. Ils devraient avoir une couleur dorée avant de servir. Saler selon le goût.

Valeurs nutritionnelles par 100g:

Carbohydrates 0.2g

Sucre 0g

Protéines 19 g

Total Lipides(Lipides bénéfiques monoinsaturés) 6g

Sodium 225.3 mg

Potassium 3mg

Calcium 3.5mg

Fer 3.2mg

Vitamines (Vitamines A; B-6; D; D2; D3; K; Riboflavin; Niacin; Thiamin; K)

Calories 130

48. Shake à la Banane

Ingrédients:

1 grosse banane

2 blancs d'oeufs

1,5 tasse d'eau

1 cuillère à café d'extrait de vanille

1 cuillère à soupe de sirop d'agave

Préparation:

Peler et hacher la banane en petits cubes. Combiner avec les autres ingrédients dans un mélangeur et mélanger pendant 30 secondes, jusqu'à obtenir un mélange bien lisse. Gardez au réfrigérateur et servir froid.

Valeurs nutritionnelles pour 1 verre:

Carbohydrates 8g

Sucre 4.9g

Protéines 10.2g

Total Lipides 2.67g

Sodium 74mg

Potassium 512.9mg

Calcium 79mg

Fer 1.88mg

Vitamines (Vitamines B-6; B-12; D; D-D2+D3)

Calories 56

49. Poivrons Verts Grillés

Ingrédients:

2 poivrons verts

1 cuillère à soupe d'huile d'olive

2 gousses d'ail

persil haché

Préparation:

Mélanger l'huile d'olive avec l'ail et le persil. Étaler la sauce sur les poivrons et faire frire dans une poêle barbecue sur feu doux pendant environ 10-15 minutes. Remuer constamment.

Valeurs nutritionnelles par 100g:

Carbohydrates 5g

Sucre 2.2g

Protéines 1.8 g

Total Lipides 0.4g

Sodium 4.3 mg

Potassium 191mg

Calcium 2.5mg

Fer 1.8mg

Vitamines (Vitamines A; B-6; B-12; C; D; D2; D3; K; Riboflavin; Niacin; Thiamin; K)

Calories 27

50. Salade de Fruits de Mer

Ingrédients:

1 petit paquet (200g) de fruits de mer surgelés

3 cuillères à soupe d'huile d'olive

1 oignon moyen

¼ petite cuillère de sel

¼ tasse d'eau (en option)

Préparation

Frire les fruits de mer congelés sans huile jusqu'à tendreté (essayez le poulpe, il prend le plus de temps à devenir tendre). Vous pouvez ajouter un peu d'eau si nécessaire. Retirer de la poêle et laisser refroidir pendant environ une heure. Peler et hacher finement l'oignon. Mélangez-le avec les fruits de mer et ajouter l'huile d'olive. Cette salade est meilleure froide. Laisser reposer au réfrigérateur pendant quelques heures avant de servir.

Valeurs nutritionnelles par tasse:

Carbohydrates 3.45g

Sucre 1.68g

Repas de Protéines pour la Musculation Extrême

Protéines 25.8 g

Total Lipides 16.4g

Sodium 827mg

Potassium 453mg

Calcium 13.5mg

Fer 10mg

Vitamines (Vitamines C; B-6; B-12; A-RAE; A-IU; E; D; D-D2+D3; K; Thianin; Riboflavin; Niacin)

Calories 280

51. Courgettes grillées avec de l'ail

Ingrédients:

1 grosse courgette

4 gousses d'ail

1 cuillère à soupe d'huile d'olive

¼ c de sel

Préparation:

Peler et couper les courgettes en tranches épaisses. Hacher l'ail et le faire frire pendant quelques minutes dans l'huile d'olive, jusqu'à ce qu'il ait une belle couleur dorée. Ajouter les courgettes et faire frire pendant 10 minutes de plus à une basse température. Saupoudrer de persil haché avant de servir. Sel selon le goût.

Valeurs nutritionnelles pour 1 tranche:

Carbohydrates 3.6g

Sucre 1.9g

Protéines 2.9 g

Total Lipides 0.9g

Sodium 2.21 mg

Potassium 354mg

Calcium 0.12mg

Fer 0.2mg

Vitamines (Vitamines A; B-6; B-12; C; D:K)

Calories 25

52. Pommes au Four

Ingrédients:

2 grosses pommes

1 cuillère à café de cannelle

Préparation:

Cuire les pommes à 300 degrés pendant 15 minutes. Saupoudrer de cannelle avant de servir.

Valeurs nutritionnelles par 100g:

Carbohydrates 14.8g

Sucre 10g

Protéines 0.4 g

Total Lipides 0.3g

Sodium 1.7mg

Potassium 108mg

Calcium 0mg

Fer 0mg

Vitamines (Vitamines A; C)

Calories 53

53. Steak Grillé avec des Tranches d'Ananas

Ingrédients:

1 grand bifteck

7 tranches d'ananas

1 cuillère à café de gingembre

peu d'eau

poivre au goût

Préparation:

Frire les tranches d'ananas pendant 5-10 minutes, en ajoutant un peu d'eau. Retirer les tranches d'ananas dans une poêle et faire frire le bifteck dans la même poêle pendant 15-20 minutes. Vous pouvez ajouter un peu d'eau pendant la cuisson du steak. Servir avec des tranches d'ananas et saupoudrer de gingembre. Poivre selon le goût

Valeurs nutritionnelles par 100g:

Carbohydrates 3.8g

Sucre 2.1g

Protéines 32.9 g

Total Lipides 4.9g

Sodium 64 mg

Potassium 413mg

Calcium 0mg

Fer 17.8mg

Vitamines (Vitamines A; B-6; B-12; C; D)

Calories 182

54. Chou-fleur Cuit dans une Sauce à la Menthe

Ingrédients:

1 chou-fleur moyen

1 cuillère à soupe de feuilles de menthe hachées

1 cuillère à café de gingembre

1 cuillère à soupe de sirop d'agave

Préparation:

Nettoyer et couper le chou-fleur en cubes moyens. Faire cuire dans de l'eau jusqu'à tendreté. Retirer de la casserole et égouttez-les bien. Pendant ce temps, faire une sauce avec le sirop d'agave, le gingembre et la menthe, en combinant tous les ingrédients dans un petit bol. Verser sur le chou-fleur et laisser refroidir pendant un moment avant de servir.

Valeurs nutritionnelles par 100g:

Carbohydrates 6.8g

Sucre 2.8g

Protéines 1.9 g

Total Lipides 0.4g

Sodium 31 mg

Potassium 301mg

Calcium 2.7mg

Fer 2.3mg

Vitamines (Vitamines C; K)

Calories 29

55. Soupe aux Champignons

Ingrédients:

1 tasse de champignons de Paris frais

1 petite carotte

1 petit oignon

¼ c de poivre

1 cuillère à soupe d'huile

Préparation:

Laver les oignons et les carottes, mais ne pas les couper. Mettez-les ensemble dans une grande casserole, ajouter de l'eau pour couvrir les légumes et cuire jusqu'à tendreté. Lorsque les légumes sont bien cuits, les mélanger avec les champignons et les mettre tous ensemble dans un blender. Chauffer le reste de l'eau végétale jusqu'au point d'ébullition et remuer avec un peu d'huile. Cuire jusqu'à ce que le mélange épaississe, ajouter les légumes et laisser cuire encore 5-7 minutes. Vous pouvez décorer avec peu de persil.

Valeurs nutritionnelles par tasse:

Carbohydrates 3.3g

Repas de Protéines pour la Musculation Extrême

Sucre 0.2g

Protéines 1.9 g

Total Lipides 2.6g

Sodium 340 mg

Potassium 31mg

Calcium 0mg

Fer 0mg

Vitamines (Vitamines D;K)

Calories 41

56. Filet de truite aux amandes et sauce de curcuma

Ingrédients:

1 fine tranche de filet de truite

1 cuillère à café de curcuma

1 cuillère à soupe d'huile d'olive

½ tasse d'amandes

1 cuillère à café de romarin séché

¼ petite cuillere de poivre

Préparation:

Laver et sécher le filet. Saupoudrer de curcuma et faire frire dans l'huile chaude pendant quelques minutes de chaque côté. Retirer de la poêle. Faire une sauce avec les amandes, l'huile d'olive, le romarin et le poivre. Verser la sauce sur les filets et faire frire pendant quelques minutes, jusqu'à ce qu'ils aient une belle couleur dorée.

.

Valeurs nutritionnelles par 100g:

Carbohydrates 3.7g

Sucre 0.2g

Protéines 25g

Total Lipides 8.6g

Sodium 62 mg

Potassium 263mg

Calcium 10mg

Fer 2.5mg

Vitamines (Vitamines A; B-6; B-12; C; D:K)

Calories 173

57. Soupe à la Truite

Ingrédients:

1 grosse truite

2 petites carottes

1 cuillère à soupe d'huile d'olive

1 cuillère à café de persil séché

aneth au goût

Préparation:

Laver et nettoyer le poisson (supprimer tous les os). Faire cuire le poisson dans une grande casserole pendant environ 20 minutes. Après que le poisson soit cuit, ajouter un peu d'huile d'olive (juste pour couvrir le fond). Frire les carottes hachées pour quelques minutes et ajouter de l'eau, le persil et l'aneth. Faites cuire pendant 15 minutes. Puis ajouter le poisson (entier ou découpé en gros morceaux). Mettez dans chaque assiette une cuillère à café d'huile d'olive et versez la soupe.

Valeurs nutritionnelles par tasse:

Carbohydrates 3.4g

Sucre 0.9g

Protéines 5.9 g

Total Lipides 2g

Sodium 365 mg

Potassium 123mg

Calcium 2.3mg

Fer 2.3mg

Vitamines (Vitamines A; B-6; B-12; C)

Calories 46

58. Salade de Concombres

Ingrédients:

3 grands concombres

6 cuillères à soupe de noix râpées

3 cuillères à soupe d'huile de graines de sésame

Préparation:

Peler et couper les concombres en tranches fines. Assaisonner avec l'huile de graines de sésame et saupoudrer de noix râpées.

Valeurs nutritionnelles par 100g:

Carbohydrates 6.8g

Sucre 2.7g

Protéines 5.9 g

Total Lipides 4.9g

Sodium 5.76 mg

Potassium 213mg

Calcium 5.27mg

Fer 2.1mg

Vitamines (Vitamines A; B-6; B-12; C; D:K)

Calories 34

59. Champignons Grillés avec Sauce à l'Ail

Ingrédients:

3 tasses de champignons de Paris frais

6 gousses d'ail

3 cuillères à soupe d'huile d'olive

¼ petite cuillère de poivre

Préparation:

Frire les champignons sans huile dans une poêle barbecue sur feu doux jusqu'à ce que toute l'eau s'évapore. Pendant ce temps, hacher l'ail, ajouter à la poêle et mélanger avec les champignons. Frire pour quelques minutes de plus. Saupoudrer de l'huile d'olive avant de servir. Ajouter un peu de poivre au goût. Servir chaud.

Valeurs nutritionnelles par tasse:

Carbohydrates 5.2g

Sucre 1.3g

Protéines 8.2 g

Total Lipides(Lipides bénéfiques monoinsaturés) 2.3g

Sodium 47.3 mg

Potassium 25.1mg

Calcium 13.1mg

Fer 0.61mg

Vitamines (Vitamines A; B-6; B-12; C; D; D2; D3; K; Riboflavin; Niacin; Thiamin; K)

Calories 98

60. Boules de Pomme et Carottes avec de la Cannelle

Ingrédients:

5 grosses pommes

3 grosses carottes

6 cuillère à café de cannelle

6 cuillère à café de sirop d'agave

3 cuillères à café de jus de citron

Préparation:

Pelez et râper les pommes et les carottes. Combiner avec les autres ingrédients dans un mélangeur pour obtenir un mélange bien lisse. Faire de petites boules et leur permettre de refroidir au réfrigérateur pendant quelques heures.

Vous pouvez ajouter des noix ou des amandes râpées à cette recette. Cela est facultatif, mais il va augmenter les protéines

.

Valeurs nutritionnelles par 100g:

Carbohydrates 17.2g

Sucre 15.3g

Protéines 9.1 g

Total Lipides(Lipides bénéfiques monoinsaturés) 2.3g

Sodium 147.4 mg

Potassium 625mg

Calcium 13.1mg

Fer 11.61mg

Vitamines (Vitamines A; B-6; B-12; C; D; D2; D3; K; Riboflavin; Niacin; Thiamin; K)

Calories 78

D'autres grands titres de cet auteur